„Ich lebe WW, (fast) ohne es zu merken."

Bewusst und gesund zu essen, gehört für Amélie inzwischen zum Alltag. Mehr zu Amélies Weg mit WeightWatchers erfährst du ab Seite 6.

*Mitglieder, die dem WW Plan folgen, können bis zu 1 kg pro Woche abnehmen.

Inhalt

3

Points® Wert
pro Person / Stück

Nährwertangaben

kcal................Kilokalorien
EW................Eiweiß
KH ....Kohlenhydrate
F....................Fett
BST ....Ballaststoffe

Points tracken

Wir haben jedem Rezept
einen QR-Code für schnelles,
nahtloses Tracking in der
WW App hinzugefügt.
Mehr Infos findest du auf
der inneren Umschlagseite.

 vegetarisch

 vegan

 glutenfrei

 laktosefrei

 nussfrei

Erlebe das WW Programm!

„Das Leben ist kompliziert – Abnehmen sollte es nicht sein."

WeightWatchers hilft dir abzunehmen – und dein neues Gewicht zu halten. Und das, während du isst, was dir schmeckt, und so lebst, wie du möchtest.

Mit den neuesten Erkenntnissen der Wissenschaft, einer unglaublich hilfsbereiten Community und Premiuminhalten, die du nur bei uns findest, hilft unser Programm dir, deine Ziele zu erreichen.

Wir berücksichtigen nicht nur die Kalorien, sondern die gesamten, komplexen Nährwertangaben eines Lebensmittels, um dessen Punktwert zu bestimmen. In unseren Algorithmus fließen noch mehr Nährwertfaktoren ein, um dich zu Lebensmitteln mit einem höheren Gehalt an Ballaststoffen, Proteinen und ungesättigten Fettsäuren sowie zu Lebensmitteln mit einem geringeren Gehalt an Zucker und gesättigten Fettsäuren zu führen.

„Die Möglichkeit, das zu essen, was man liebt, ist einer der Gründe, warum dieses Programm so alltagstauglich ist!"

JULIA SMEDEMA, DIPLOM OECOTROPHOLOGIN UND WW EXPERTIN FÜR PROGRAMM UND WISSENSCHAFT

Neugierig geworden?

Erfahre auf ww.com mehr über das WeightWatchers Programm und entdecke aktuelle Angebote.

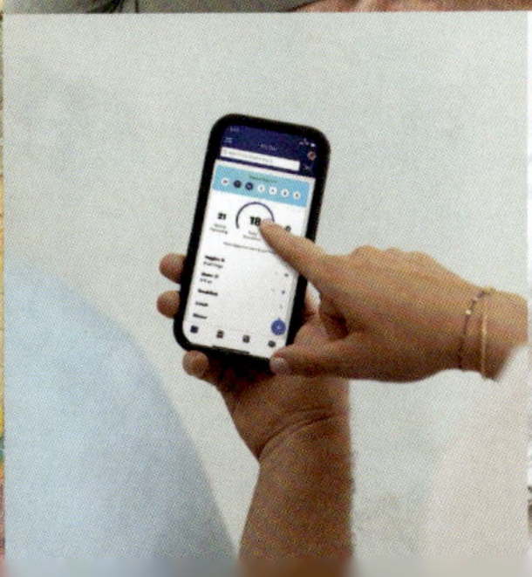

„Ganz nebenbei habe ich fünf Kilo abgenommen."

Ich freute mich total auf meine erste feste Stelle nach dem Studium: Ernährungswissenschaftlerin bei WW – wie schön! Gleichzeitig grauste mir aber davor, durch das lange Sitzen am Schreibtisch, jetzt vielleicht so richtig träge zu werden. Doch dann kam alles ganz anders …

Ich habe als Ernährungswissenschaftlerin schon immer darauf geachtet, mich gesund zu ernähren, und wusste bereits vor WW, was mir gut tut und was nicht. Und abnehmen hatte ich auch eigentlich nicht wirklich nötig. Aber ich habe mich dann nach ein paar Wochen dafür entschieden, das Programm einfach mal selbst zu testen. Bis dahin stand WW für mich immer hauptsächlich für „Abnehmen und sich gesund ernähren". Doch ich habe schnell gemerkt, dass WW viel mehr ist als nur das.

Ich lebe WW, (fast) ohne es zu merken. Bewusst und gesund zu essen, ist für mich total normal geworden: Morgens gibt's bei mir Joghurt mit frischem Obst und bevor ich zur Arbeit fahre, gucke ich meist in unseren Kühlschrank: Was gibt der für's Mittagessen her? Einen Rest vom leckeren Abendessen vielleicht? Abends koche ich gemeinsam mit meinem Freund. Wir planen aber nicht vor, sondern sind da eher spontan. Ich ernähre

mich hauptsächlich vegetarisch, Fleisch kommt nur ab und zu auf den Tisch.

Rückblickend hat mir WW dabei geholfen, dass ich erst jetzt so richtig in meinem Job angekommen und in meinem Leben noch glücklicher und zufriedener bin als vorher. Ich gehe heute viel achtsamer mit mir um und mehr aus mir raus. Und obwohl ich mich mit Ernährung schon vorher richtig gut auskannte, habe ich vom Programm überraschend viele Inspirationen für neue Rezepte mitgenommen und lasse gern das Fleisch weg!

*Mitglieder, die dem WW Plan folgen, können bis zu 1 kg pro Woche abnehmen.

Klassiker in der vegetarischen Variante

Veggie-Frikassee

Zubereitungszeit **20 Min.**
Garzeit **30 Min.**
Für **4 Personen**

300 g weißer Spargel (TK)

500 g Karotten

1 Zwiebel

200 g trockener Langkornreis

Salz, Pfeffer

1 EL Rapsöl

180 g vegetarische Hähnchenstücke (Kühltheke)

1/2 TL geriebene Muskatnuss

200 g Erbsen (TK)

500 ml Gemüsebrühe
(2 TL Instantpulver)

100 g Frischkäse,
bis 5 % Fett absolut

60 g Schmand

1 EL gehackte Petersilie

1 Msp. unbehandelte
Zitronenschale

1. Spargel auftauen lassen und in Stücke schneiden. Karotten schälen und in Scheiben schneiden. Zwiebel schälen und würfeln. Reis nach Packungsanweisung in Salzwasser garen. Öl in einer großen Pfanne auf mittlerer Stufe erhitzen, Hähnchenstücke darin ca. 5 Minuten rundherum braten, mit Salz und Pfeffer würzen, herausnehmen und warm stellen.

2. Karotten mit Zwiebeln im Bratensatz 5–7 Minuten anbraten und mit Salz, Pfeffer und Muskatnuss würzen. Spargel und gefrorene Erbsen dazugeben und ca. 3 Minuten mitbraten. Mit Brühe ablöschen und mit Deckel auf niedriger Stufe ca. 10 Minuten garen.

3. Frischkäse und Schmand einrühren, Hähnchen unterheben und ca. 3 Minuten erwärmen. Sauce mit Petersilie und Zitronenschale verfeinern. Veggie-Frikassee mit Reis auf Tellern anrichten und servieren.

Pro Portion: 423 kcal, 21 g EW, 56 g KH, 11 g F, 13 g BST

Sellerieschnitzel mit Püree und Erbsencreme

Zubereitungszeit **20 Min.**
Garzeit **20 Min.**
Für **4 Personen**

10

50 ml Essig
1 EL Zucker
100 ml Wasser
1 rote Zwiebel
600 g mehligkochende
Kartoffeln
600 g Knollensellerie
Salz, Pfeffer
60 g Vollkornmehl
1 EL Backpulver
200 ml Mineralwasser
80 g Pankomehl
1 EL Rapsöl
130 g Erbsen (TK)
70 g Baby-Blattspinat
200 ml fettreduzierte
Hafercreme
1 EL Tafelmeerrettich

1. Essig, Zucker und Wasser verrühren. Zwiebel schälen, in dünne Ringe schneiden, mit Essigmischung verrühren und ziehen lassen.

2. Kartoffeln schälen, vierteln und in Salzwasser ca. 20 Minuten garen. Sellerie schälen, in 4 ca. 1 cm dicke Scheiben schneiden, in Salzwasser 5–10 Minuten garen, abgießen und kurz abkühlen lassen.

3. Für die Panade Mehl, Backpulver und Mineralwasser in einem tiefen Teller vermischen und Pankomehl auf einen weiteren tiefen Teller geben. Sellerie zuerst in der Mehlmischung, danach im Pankomehl wenden. Öl in einer Pfanne auf mittlerer Stufe erhitzen und Sellerie darin 3–5 Minuten von jeder Seite braten.

4. Erbsen in Salzwasser 3–5 Minuten garen und abgießen. Spinat waschen, trocken schleudern und 30 g Spinat mit 100 ml Hafercreme, Meerrettich und Erbsen pürieren. Kartoffeln abgießen und mit restlicher Hafercreme, Salz und Pfeffer pürieren. Sellerieschnitzel mit Püree, Erbsencreme, restlichem Spinat und Zwiebeln servieren.

Pro Portion: 393 kcal, 12 g EW, 63 g KH, 9 g F, 15 g BST

Räuchertofu-Gulasch

Zubereitungszeit **20 Min.**
Garzeit **45 Min.**
Für **4 Personen**

1 Zwiebel
1 Knoblauchzehe
1 kleine rote Chilischote
400 g festkochende Kartoffeln
2 große Karotten
je 1 rote und grüne Paprika
200 g Räuchertofu
1 TL Rapsöl
1 EL Mehl
2 EL Tomatenmark
1 TL Paprikapulver
Salz, Pfeffer
1 TL getrockneter Majoran
750 ml Gemüsebrühe
(3 1/2 TL Instantpulver)
4 EL Sojajoghurt, Natur,
bis 3 g Zucker/100 g
2 EL gehackte Petersilie

1. Zwiebel schälen und mit Knoblauch fein würfeln. Chili-schote waschen, entkernen und hacken. Kartoffeln schälen und in kleine Würfel schneiden. Karotten schälen und in Scheiben schneiden. Paprika waschen, entkernen und in Stücke schneiden. Räuchertofu würfeln.

2. Öl in einem großen Topf auf mittlerer Stufe erhitzen und Zwiebeln mit Knoblauch und Chili darin ca. 3 Minuten anbraten. Tofu dazugeben und ca. 3 Minuten mitbraten. Kartoffeln, Karotten und Paprika zufügen, ca. 5 Minuten mitbraten, mit Mehl bestäuben und ca. 1 Minute an-schwitzen.

3. Tomatenmark einrühren, mit Paprikapulver, Salz und Pfeffer würzen, mit Majoran verfeinern und mit Brühe ablöschen. Gulasch mit Deckel 30–35 Minuten köcheln lassen, dabei gelegentlich durchrühren und mit Salz und Pfeffer abschmecken. Räuchertofu-Gulasch mit Soja-joghurt und Petersilie garnieren und servieren.

Pro Portion: 250 kcal, 15 g EW, 29 g KH, 7 g F, 8 g BST

Veggie-Lasagne-Bolognese mit Salat

Zubereitungszeit **25 Min.**
Garzeit **70 Min.**
Für **4 Personen**

je 300 g Karotten und Sellerie
1 große Zwiebel
2 TL Rapsöl
2 Knoblauchzehen
360 g Veggie-Hack (Kühltheke)
1 EL Tomatenmark
Salz, Pfeffer
1/2 TL Chiliflocken
1 TL Paprikapulver
1 1/2 TL italienische Kräuter
300 ml Gemüsebrühe
(1 1/2 TL Instantpulver)
700 g stückige Tomaten (Konserve)
9 trockene Lasagneblätter
100 g saure Sahne
50 g geriebener Käse, 30 % Fett i. Tr.
2 Römersalatherzen
1/2 Salatgurke
1 Dose Mais (140 g Abtropfgewicht)
1 EL Olivenöl, 2 EL Apfelessig
1 TL Senf, 1 TL Agavendicksaft

1. Karotten, Knollensellerie und Zwiebel schälen und in kleine Würfel schneiden. Rapsöl in einem Topf auf mittlerer Stufe erhitzen und Gemüse darin ca. 7 Minuten anbraten. Knoblauch dazupressen, Veggie-Hack dazugeben und ca. 7 Minuten mitbraten. Tomatenmark einrühren, mit Salz, Pfeffer, Chiliflocken und Paprikapulver würzen und mit 1 TL Kräutern verfeinern. Gemüse-Hack-Mischung mit Brühe und Tomaten ablöschen und Sauce mit Deckel unter gelegentlichem Rühren ca. 15 Minuten garen.

2. Backofen auf 200° C (Gas: Stufe 3, Umluft: 180° C) vorheizen. Sauce abwechselnd mit Lasagneblättern und saurer Sahne in Klecksen in eine Auflaufform (ca. 25 x 30 cm) schichten, dabei mit Sauce beginnen und abschließen. Lasagne mit Käse bestreuen und im Backofen auf mittlerer Schiene ca. 40 Minuten backen.

3. Salat waschen, trocken schleudern und in mundgerechte Stücke zerteilen. Gurke waschen, längs halbieren und in Scheiben schneiden. Mais abgießen. Für das Dressing Olivenöl mit Essig, Senf, Agavendicksaft, restlichen Kräutern, Salz und Pfeffer verrühren und mit Salatzutaten vermischen. Lasagne mit Salat servieren.

Pro Portion: 547 kcal, 33 g EW, 59 g KH, 18 g F, 17 g BST

Amélies Tipp

Wenn es mal schnell gehen soll, kann man die Lasagne auch super vorbereiten und portionsweise einfrieren. Wenn der Hunger kommt, einfach auftauen und genießen.

Pita mit Rote-Bete-Falafel

Zubereitungszeit **15 Min.**
Garzeit **35 Min.**
Für **4 Personen**

1 Dose Kichererbsen
(265 g Abtropfgewicht)
250 g vorgegarte Rote Bete
(vakuumverpackt)
1 Knoblauchzehe
60 g Mehl
1 TL Kreuzkümmel
1 TL gemahlener Koriander
2 EL gehackter Koriander
Salz, Pfeffer
1 EL Olivenöl
1 EL Sesam
1/2 Salatgurke
120 g Magermilchjoghurt
3 EL gehackte Minze
60 g Pflücksalatmischung
(Kühltheke)
4 Pitabrote
4 EL Hummus (Fertigprodukt)

1. Backofen auf 200° C (Gas: Stufe 3, Umluft: 180° C) vorheizen. Kichererbsen abspülen und abtropfen lassen. Rote Bete in Stücke schneiden und mit Kichererbsen, Knoblauch, Mehl, Kreuzkümmel, gemahlenem und gehacktem Koriander, Salz und Pfeffer pürieren.

2. Aus der Masse mit feuchten Händen 12 Falafel formen und auf ein mit Backpapier ausgelegtes Backblech legen. Falafel mit Öl bepinseln, mit Sesam bestreuen und im Backofen auf mittlerer Schiene 30–35 Minuten backen.

3. Gurke waschen, längs halbieren, Kerne mit einem Löffel entfernen und Gurke in Scheiben schneiden. Joghurt mit Gurken, 2 EL Minze, Salz und Pfeffer verrühren. Salat waschen und trocken schleudern. Pitabrote rösten, aufschneiden, mit Hummus bestreichen und mit Salat, Falafel und Gurkenjoghurt füllen. Pita mit restlicher Minze bestreuen und genießen.

Pro Portion: 447 kcal, 17 g EW, 64 g KH, 12 g F, 10 g BST

Vegane Currywurst mit Gemüsepommes

Zubereitungszeit **20 Min.**
Garzeit **35 Min.**
Für **2 Personen**

6

2 Karotten
1 kleiner Kohlrabi (ca. 200 g)
200 g Knollensellerie
1 TL Speisestärke
1 TL getrocknete Kräuter
3 TL Rapsöl
Salz, Pfeffer
1 Zwiebel
1 kleine gelbe Paprika
2 vegane Bratwürste
(à 60 g, Kühltheke)
1 TL Curry
1/2 TL Paprikapulver
400 g passierte Tomaten
(Konserve)
2 TL Ahornsirup
1/4 TL Worcestersauce

1. Backofen auf 200° C (Gas: Stufe 3, Umluft: 180° C) vorheizen. Karotten, Kohlrabi und Sellerie schälen und in Stifte schneiden. Gemüse mit Stärke, Kräutern, 1 TL Öl und Salz vermischen und auf einem mit Backpapier ausgelegten Backblech verteilen. Gemüsepommes im Backofen auf mittlerer Schiene 30–35 Minuten backen.

2. Zwiebel schälen und in Streifen schneiden. Paprika waschen, entkernen und würfeln. 1 TL Öl in einer Pfanne auf mittlerer bis hoher Stufe erhitzen, Bratwürste darin 5–7 Minuten rundherum braten, herausnehmen und in Scheiben schneiden.

3. Restliches Öl im Bratensatz erhitzen, Zwiebeln mit Paprika darin ca. 5 Minuten anbraten und mit Salz, Pfeffer, 1/2 TL Curry und Paprikapulver würzen. Mit Tomaten ablöschen, mit Ahornsirup und Worcestersauce verfeinern, Würstchenscheiben dazugeben und Sauce mit Deckel auf niedriger Stufe ca. 10 Minuten köcheln lassen. Sauce mit restlichem Curry bestäuben und mit Gemüsepommes anrichten.

Pro Portion: 328 kcal, 13 g EW, 32 g KH, 15 g F, 15 g BST

Champignon-Tofu-Geschnetzeltes mit Nudeln

Zubereitungszeit **25 Min.**
Garzeit **20 Min.**
Für **2 Personen**

1 Zwiebel
400 g braune Champignons
200 g Tofu
1 EL Speisestärke
1 TL Paprikapulver
Salz, Pfeffer
3 TL Rapsöl
100 g trockene Vollkorn-Fusilli
80 ml trockener Weißwein
150 ml Gemüsebrühe
(1/2 TL Instantpulver)
50 g Crème légère
1 TL Senf
1 EL gehackte Petersilie

1. Zwiebel schälen und in Streifen schneiden. Champignons trocken abreiben und in Scheiben schneiden. Tofu trocken tupfen und in Stücke zerteilen. Stärke mit 1/2 TL Paprikapulver, Salz und Pfeffer verrühren und mit Tofu vermischen.

2. 2 TL Öl in einer großen Pfanne auf mittlerer bis hoher Stufe erhitzen, Tofu darin ca. 8 Minuten rundherum braten und herausnehmen. Nudeln nach Packungsanweisung in Salzwasser garen. Restliches Öl im Bratensatz erhitzen, Zwiebeln mit Champignons darin 5–7 Minuten anbraten und mit Salz, Pfeffer und restlichem Paprikapulver würzen.

3. Champignons mit Wein und Brühe ablöschen und ca. 3 Minuten köcheln lassen. Crème légère und Senf einrühren und mit Petersilie verfeinern. Nudeln abgießen, mit Tofu zur Sauce geben, ca. 2 Minuten erwärmen und Champignon-Tofu-Geschnetzeltes mit Petersilie bestreut servieren.

Pro Portion: 508 kcal, 28 g EW, 43 g KH, 20 g F, 10 g BST

Kichererbsen-Tikka-Masala mit Blumenkohlreis

Zubereitungszeit **15 Min.**
Garzeit **35 Min.**
Für **4 Personen**

5

1 große Zwiebel
1 große Dose Kichererbsen
(480 g Abtropfgewicht)
1 TL Rapsöl
1 EL Garam Masala
800 g stückige Tomaten
(Konserve)
Salz, Pfeffer
1 kleiner Blumenkohl (ca. 600 g)
250 ml fettreduzierte Kokosmilch
2 EL gehackter Koriander

1. Zwiebel schälen und fein würfeln. Kichererbsen abspülen und abtropfen lassen. Öl in einem Topf auf mittlerer Stufe erhitzen und Zwiebeln mit Garam Masala darin 4–5 Minuten rundherum braten. Kichererbsen dazugeben, mit Tomaten ablöschen, mit Salz und Pfeffer würzen und mit Deckel auf niedriger Stufe ca. 30 Minuten garen.

2. Blumenkohl waschen, in Röschen teilen, fein hacken und in Salzwasser 3–4 Minuten blanchieren. Blumenkohlreis abgießen und mit Salz und Pfeffer würzen. Kichererbsen-Tikka-Masala mit Kokosmilch verfeinern, mit Koriander bestreuen und mit Blumenkohlreis servieren.

Pro Portion: 329 kcal, 16 g EW, 32 g KH, 13 g F, 14 g BST

Tofu-Sticks
mit Brokkolipüree & Remoulade

Zubereitungszeit **15 Min.**
Garzeit **30 Min.**
Für **4 Personen**

500 g mehligkochende
Kartoffeln
1 Brokkoli (ca. 500 g)
1 Bund Dill
1/2 EL Kapern
2 Gewürzgurken
2 unbehandelte Zitronen
100 g vegane Crème fraîche
2 EL vegane Mayonnaise
1 TL Dijon-Senf
1 Msp. Curry
1 Msp. Cayennepfeffer
1/4 TL Zucker
Salz, Pfeffer
400 g Tofu
60 g Mehl
1 EL Backpulver
200 ml Mineralwasser
40 g Pankomehl
1 EL Rapsöl

1. Kartoffeln schälen, vierteln und in Salzwasser ca. 20 Minuten garen. Brokkoli waschen, in Röschen teilen, Strunk grob würfeln und mit Brokkoliröschen in Salzwasser ca. 5 Minuten garen.

2. Für die Remoulade Dill waschen und mit Kapern fein hacken. Gewürzgurken fein würfeln. Zitronenschale von 1 Zitrone abreiben und Zitrone auspressen. Restliche Zitrone in Spalten schneiden. Crème fraîche, Mayonnaise, Senf, Zitronenschale, -saft, Dill, Gewürzgurken, Kapern, Curry, Cayennepfeffer und Zucker verrühren und mit Salz und Pfeffer abschmecken.

3. Tofu trocken tupfen und in Sticks schneiden. Für die Panade Mehl, Backpulver, Wasser und Salz in einem tiefen Teller verrühren und Pankomehl auf einen weiteren tiefen Teller geben. Tofu-Sticks zuerst in der Mehlmischung, danach im Pankomehl wenden.

4. Öl in einer Pfanne auf mittlerer Stufe erhitzen und Tofu darin 5–10 Minuten rundherum braten. Kartoffeln und Brokkoli abgießen, dabei ca. 200 ml Brokkoliwasser auffangen. Kartoffeln und Brokkoli mit Wasser pürieren und mit Salz und Pfeffer würzen. Tofu mit Brokkolipüree, Remoulade und Zitronenspalten servieren.

Pro Portion: 514 kcal, 23 g EW, 45 g KH, 25 g F, 10 g BST

Veganes Chili

Zubereitungszeit **10 Min.**
Garzeit **20 Min.**
Für **4 Personen**

2 Zwiebeln
1 rote Paprika
2 gelbe Paprika
2 rote Chilischoten
2 EL Sonnenblumenöl
500 g veganes Hackfleisch
(Kühltheke)
1 Knoblauchzehe
1 Dose Kidneybohnen
(255 g Abtropfgewicht)
1 Dose Mais
(285 g Abtropfgewicht)
400 g passierte Tomaten
(Konserve)
400 g stückige Tomaten
(Konserve)
Salz, Pfeffer
1/2 TL Chilipulver
1 EL gehackter Majoran

1. Zwiebeln schälen und würfeln. Paprika waschen, entkernen und würfeln. Chilischoten waschen, entkernen und hacken. Öl in einer Pfanne auf mittlerer bis hoher Stufe erhitzen und Hackfleisch darin ca. 5 Minuten anbraten. Knoblauch dazupressen, Paprika, Chilischoten und Zwiebeln zufügen und weitere ca. 5 Minuten braten.

2. Kidneybohnen abspülen, mit Mais abtropfen lassen und zufügen. Mit passierten und stückigen Tomaten ablöschen und ca. 10 Minuten einkochen lassen. Chili mit Salz, Pfeffer und Chilipulver würzen und mit Majoran garniert servieren.

Pro Portion: 464 kcal, 33 g EW, 40 g KH, 17 g F, 19 g BST

Jägerschnitzel mit Spätzle

Zubereitungszeit **20 Min.**
Garzeit **20 Min.**
Für **2 Personen**

1 **Zwiebel**
400 g **Champignons**
2 TL **Rapsöl**
1 TL **Mehl**
Salz, Pfeffer
1 Msp. **geräuchertes**
Paprikapulver
200 ml **Gemüsebrühe**
(1 TL **Instantpulver**)
2 **vegane Hähnchenschnitzel**
à 90 g (**Kühltheke**)
200 g **Spätzle** (**Frischprodukt**)
1 EL **saure Sahne**
1 TL **Senf**
1/2 TL **getrockneter Majoran**

1. Zwiebel schälen und in Streifen schneiden. Champignons trocken abreiben und vierteln. 1 TL Öl in einer Pfanne auf mittlerer bis hoher Stufe erhitzen und Champignons mit Zwiebeln darin 8–10 Minuten braten. Mit Mehl bestäuben, ca. 30 Sekunden anschwitzen, mit Salz, Pfeffer und Paprikapulver würzen, mit Brühe ablöschen und auf niedriger Stufe ca. 7 Minuten köcheln lassen.

2. Restliches Öl in einer Pfanne auf mittlerer bis hoher Stufe erhitzen und Schnitzel darin ca. 5 Minuten von jeder Seite braten. Spätzle nach Packungsanweisung in Salzwasser garen und abgießen.

3. Champignonsauce mit saurer Sahne, Senf und Majoran verfeinern und mit Salz und Pfeffer abschmecken. Schnitzel und Spätzle auf Tellern anrichten, Champignonsauce darübergeben und Jägerschnitzel servieren.

Pro Portion: 455 kcal, 27 g EW, 42 g KH, 19 g F, 9 g BST

Amélies Tipp

Für den besonderen Geschmack kannst du die Champignons durch Kräuterseitlinge und Pfifferlinge ersetzen.

Amélies
Lieblingsrezept

Vegane Frikadellen in Zwiebelsauce

Zubereitungszeit **20 Min.**
Garzeit **20 Min.**
Für **4 Personen**

700 g mehligkochende
Kartoffeln
Salz, Pfeffer
1 Zwiebel
1 Knoblauchzehe
2 Brokkoli (à 500 g)
1 TL Rapsöl
180 g vegane Mini-Frikadellen
(Kühltheke)
200 g fettreduzierte Sojacreme
80 ml Wasser
2 TL Senf
1/2 TL Paprikapulver
1 EL vegane Halbfettmargarine
100 ml Haferdrink
1 Msp. geriebene Muskatnuss

1. Kartoffeln schälen, vierteln und in Salzwasser ca. 20 Minuten garen. Zwiebel schälen und mit Knoblauch fein würfeln. Brokkoli waschen und in kleine Röschen teilen.

2. Öl in einer großen Pfanne auf mittlerer Stufe erhitzen und Frikadellen darin 3–5 Minuten rundherum braten. Frikadellen herausnehmen und warm stellen. Zwiebeln mit Knoblauch im Bratensatz ca. 3 Minuten anbraten, mit Sojacreme und Wasser ablöschen, Senf einrühren und mit Salz, Pfeffer und Paprikapulver würzen. Sauce mit Deckel auf niedriger Stufe ca. 5 Minuten köcheln lassen.

3. Brokkoliröschen in Salzwasser ca. 5 Minuten garen und abgießen. Kartoffeln abgießen, mit Margarine, Haferdrink und Brokkoli zerstampfen und mit Salz, Pfeffer und Muskatnuss würzen. Frikadellen zur Sauce geben, kurz erwärmen und mit Kartoffel-Brokkoli-Püree servieren.

Pro Portion: 407 kcal, 17 g EW, 40 g KH, 18 g F, 9 g BST

Amélies Tipp

Wer den Brokkoli lieber ganz mag, stampft nur die Kartoffeln. Die Sauce schmeckt auch zu Falafeln supergut.

Cremige Carbonara mit Räuchertofu

Zubereitungszeit **20 Min.**
Garzeit **15 Min.**
Für **4 Personen**

200 g Räuchertofu
250 g Cocktailtomaten
150 g Pflücksalatmischung
80 g Magermilchjoghurt
1 EL Apfelessig
1 TL Honig
1 TL Senf
2 TL italienische Kräuter (TK)
Salz, Pfeffer
300 g trockene Tagliatelle
1 Ei (Größe M)
2 Eigelb (Größe M)
40 g geriebener Parmesan
2 TL Olivenöl
1 Msp. Chiliflocken
2 TL Halbfettmargarine
2 Knoblauchzehen
1 EL gehackte Petersilie

1. Tofu trocken tupfen und in kleine Würfel schneiden. Tomaten waschen und halbieren. Salat waschen und trocken schleudern. Für das Dressing Joghurt mit Essig, Honig, Senf, 1 TL Kräutern, Salz und Pfeffer verrühren. Nudeln nach Packungsanweisung in Salzwasser garen.

2. Für die Sauce Ei mit Eigelb, Parmesan, Öl, restlichen Kräutern, Chiliflocken, Salz und Pfeffer verrühren. Margarine in einer Pfanne auf mittlerer Stufe schmelzen und Tofu darin ca. 5 Minuten rundherum braten. Knoblauch dazupressen, Tomaten dazugeben und ca. 3 Minuten mitbraten.

3. Nudeln abgießen, dabei ca. 80 ml Nudelwasser auffangen, beides in die Pfanne geben und verrühren. Pfanne vom Herd nehmen, Eimischung unterrühren und mit Salz und Pfeffer abschmecken. Salat mit Dressing vermischen. Cremige Carbonara mit Petersilie bestreut servieren.

Pro Portion: 521 kcal, 28 g EW, 60 g KH, 18 g F, 5 g BST

Wirsingrouladen
mit Reisfüllung

Zubereitungszeit **30 Min.**
Garzeit **45 Min.**
Für **4 Personen**

1 Zwiebel
3 Karotten
1 Knoblauchzehe
1 TL Rapsöl
200 g trockener Naturreis
500 ml Gemüsebrühe
(2 TL Instantpulver)
8 große Wirsingblätter
Salz, Pfeffer
1 Msp. geriebene Muskatnuss
60 g geriebener Parmesan
1 Ei (Größe M)
2 TL gemischte Kräuter (TK)
300 g bunte Cocktailtomaten
2 TL Olivenöl
1 EL Balsamicoessig
1 EL gehackte Petersilie

1. Zwiebel und Karotten schälen und mit Knoblauch fein würfeln. Rapsöl in einem Topf auf mittlerer Stufe erhitzen und Zwiebeln, Knoblauch und Karotten darin 4–5 Minuten andünsten. Reis dazugeben, mit 350 ml Brühe aufgießen und mit Deckel unter gelegentlichem Rühren ca. 20 Minuten garen.

2. Backofen auf 200° C (Gas: Stufe 3, Umluft: 180° C) vorheizen. Wirsingblätter waschen, den Strunk flacher schneiden, Wirsing in kochendem Salzwasser 3–5 Minuten blanchieren, abschrecken und abtropfen lassen. Für die Füllung Reismischung mit Salz, Pfeffer und Muskatnuss würzen und mit 40 g Parmesan, Ei und 1 TL Kräutern vermischen.

3. Füllung mittig auf die Kohlblätter geben und aufrollen, dabei die Ränder einschlagen. Restliche Brühe in eine Auflaufform (ca. 20 x 30 cm) geben, Rouladen daraufsetzen, mit restlichem Parmesan bestreuen und im Backofen auf mittlerer Schiene 15–20 Minuten backen.

4. Tomaten waschen, in Stücke schneiden und mit Olivenöl, Essig, restlichen Kräutern, Petersilie, Salz und Pfeffer vermischen. Kohlrouladen mit Tomatensalat genießen.

Pro Portion: 333 kcal, 13 g EW, 44 g KH, 11 g F, 5 g BST

Alles verwenden

Aus dem restlichen Wirsing kannst du Rahmgemüse zubereiten. Wirsingstreifen kurz andünsten, mit Frischkäse oder saurer Sahne vermischen und abschmecken.

Veggie-Hackbällchen Mediterran

Zubereitungszeit **10 Min.**
Garzeit **20 Min.**
Für **4 Personen**

1 große Zwiebel
2 gelbe Paprika
1 Zucchini
1 kleine Scheibe Vollkorntoast
600 g veganes Hackfleisch
(Kühltheke)
1 TL gehackte Minze
1 TL Paprikapulver
Salz, Pfeffer
1 TL Rapsöl
400 g passierte Tomaten
(Konserve)
150 ml Gemüsebrühe
(1/2 TL Instantpulver)
2 TL gehackter Oregano
1 Prise brauner Zucker
160 g trockene Kritharaki-
Nudeln (Orzo)

1. Zwiebel schälen und würfeln. Paprika mit Zucchini waschen, Paprika entkernen und beides in Würfel schneiden. Toast in etwas Wasser einweichen, gut ausdrücken, mit Hackfleisch, Minze, Paprikapulver, Salz und Pfeffer vermischen und aus der Masse mit feuchten Händen 12 Bällchen formen.

2. Öl in einer großen Pfanne auf hoher Stufe erhitzen, Zwiebeln darin ca. 2 Minuten anbraten, mit Tomaten und Brühe ablöschen, mit 1 TL Oregano und Zucker verfeinern und mit Salz und Pfeffer würzen. Kritharaki, Paprika und Zucchini unterrühren, Veggie-Hackbällchen daraufsetzen und auf mittlerer Stufe mit Deckel ca. 15 Minuten garen. Hackbällchen Mediterran mit restlichem Oregano bestreut servieren.

Pro Portion: 462 kcal, 35 g EW, 51 g KH, 11 g F, 13 g BST

Ofenpaprika mit Quinoa

Zubereitungszeit **15 Min.**
Garzeit **60 Min.**
Für **2 Personen**

60 g trockene bunte Quinoa
Salz, Pfeffer
300 g passierte Tomaten
(Konserve)
1 TL getrocknete italienische
Kräuter
1 Prise Zucker
2 orange und 1 grüne Paprika
120 g Kidneybohnen (Konserve)
120 g Schafskäse, 25 % Fett i. Tr.
1 EL gehackte Petersilie
1/2 TL Kreuzkümmel
1 Msp. Cayennepfeffer

1. Quinoa nach Packungsanweisung in Salzwasser garen. Tomaten mit italienischen Kräutern, Zucker, Salz und Pfeffer verrühren und 250 g Sauce in einer Auflaufform (ca. 20 x 30 cm) verteilen. Backofen auf 180° C (Gas: Stufe 2, Umluft: 160° C) vorheizen.

2. Paprika waschen, halbieren und entkernen. Kidneybohnen abspülen und abtropfen lassen. Schafskäse zerbröseln. Quinoa mit Kidneybohnen, 60 g Schafskäse, restlicher Tomatensauce, Petersilie, Kreuzkümmel, Cayennepfeffer, Salz und Pfeffer verrühren.

3. Paprikahälften in die Auflaufform setzen, Quinoamischung in die Paprika füllen und mit restlichem Schafskäse bestreuen. Paprika im Backofen auf mittlerer Schiene 30–35 Minuten backen und mit Sauce servieren.

Pro Portion: 393 kcal, 25 g EW, 50 g KH, 9 g F, 15 g BST

Vegane Würstchen mit Karotten-Steckrüben-Stampf

Zubereitungszeit **15 Min.**
Garzeit **20 Min.**
Für **4 Personen**

6

8 vegane Bratwürstchen (à 35 g)

1 EL Rapsöl

500 g Karotten

1 kleine Steckrübe (ca. 500 g)

Salz, Pfeffer

1 EL Agavendicksaft

1 EL körniger Senf

1 TL Weißweinessig

300 ml Gemüsebrühe

(1 1/2 TL Instantpulver)

2 TL Maismehl

1/4 TL geriebene Muskatnuss

2 Zweige Thymian

1. Backofen auf 180° C (Gas: Stufe 2, Umluft: 160° C) vorheizen. Würstchen in eine Auflaufform (ca. 20 x 30 cm) geben, mit Öl bepinseln und im Backofen auf mittlerer Schiene ca. 20 Minuten garen, dabei nach der Hälfte der Garzeit wenden.

2. Karotten und Steckrübe schälen, fein würfeln und in Salzwasser ca. 20 Minuten garen. Für die Sauce Agavendicksaft, Senf, Essig und 270 ml Brühe verrühren. Eine Pfanne auf mittlerer Stufe erhitzen, Sauce hineingeben, aufkochen und auf niedriger Stufe 8–10 Minuten köcheln lassen. Maismehl mit restlicher Brühe verrühren, in die Sauce rühren und ca. 2 Minuten köcheln lassen.

3. Gemüse abgießen, zerstampfen und mit Salz, Pfeffer und Muskatnuss würzen. Thymian waschen, trocken schütteln und hacken. Würstchen auf dem Püree anrichten, Sauce darübergeben und mit Thymian garnieren. Guten Appetit!

Pro Portion: 300 kcal, 19 g EW, 24 g KH, 14 g F, 10 g BST

Sojaklopse mit Zitronen-Kapern-Sauce & Kartoffeln

Zubereitungszeit **20 Min.**
Garzeit **25 Min.**
Quellzeit **10 Min.**
Für **4 Personen**

800 g festkochende Kartoffeln
Salz, Pfeffer
150 g Sojagranulat
1,8 Liter warme Gemüsebrühe
(8 TL Instantpulver)
4 TL Kapern
1 Ei (Größe M)
40 g Mehl
1 TL gemischte Kräuter (TK)
1 Msp. Chilipulver
1 Msp. geriebene Muskatnuss
1/2 kleine unbehandelte Zitrone
1 EL Halbfettmargarine
200 ml fettarme Milch
1 EL gehackte Petersilie

1. Kartoffeln waschen und in Salzwasser 20–25 Minuten garen. Granulat in 500 ml Brühe einweichen, ca. 10 Minuten quellen lassen und überschüssige Flüssigkeit ausdrücken.

2. 2 TL Kapern fein hacken und mit Sojamasse, Ei, 30 g Mehl, Kräutern, Chilipulver, Muskatnuss, Salz und Pfeffer vermischen. Aus der Masse 8 Bällchen formen. Restliche Brühe in einem hohen Topf auf mittlerer Stufe aufkochen, Sojaklopse hineingeben und ca. 10 Minuten gar ziehen lassen. Sojaklopse herausnehmen und 100 ml Brühe auffangen.

3. 1 Msp. Zitronenschale abreiben und Zitronenhälfte auspressen. Für die Sauce Margarine in einem Topf auf mittlerer Stufe schmelzen, restliches Mehl dazugeben und ca. 1 Minute anschwitzen. Mit aufgefangener Brühe und Milch ablöschen, Zitronenschale, -saft und restliche Kapern dazugeben, mit Salz und Pfeffer würzen und Sauce unter ständigem Rühren aufkochen lassen. Kartoffeln abgießen, mit Sojaklopsen und Zitronen-Kapern-Sauce anrichten und mit Petersilie bestreuen.

Pro Portion: 392 kcal, 29 g EW, 48 g KH, 7 g F, 12 g BST

Gut kombiniert Serviere dazu einen Rote-Bete-Salat oder gegarte Erbsen & Karotten.

Austernpilz-Wings mit Maiskolben

Zubereitungszeit **20 Min.**
Garzeit **25 Min.**
Für **2 Personen**

2 Maiskolben (frisch,
alternativ vakuumiert)
Salz, Pfeffer
400 g Austernpilze
60 g Mehl
1 TL Cayennepfeffer
1 TL Zwiebelpulver
1 1/2 TL Knoblauchpulver
1 1/2 TL geräuchertes
Paprikapulver
3 EL Wasser
1 EL Rapsöl
1 TL Chilisauce
(auf Tomatenbasis)
1 EL Tomatenmark
100 g Sojajoghurt, Natur,
bis 3 g Zucker/100 g

1. Maiskolben putzen und in Salzwasser 20–25 Minuten garen. Backofen auf 180° C (Gas: Stufe 2, Umluft: 160° C) vorheizen. Pilze trocken abreiben und in mundgerechte Stücke zerteilen. Mehl mit Cayennepfeffer, Zwiebelpulver, 1 TL Knoblauchpulver, 1 TL Paprikapulver, Salz und Pfeffer vermischen. Die Hälfte der Mehlmischung mit Wasser verrühren. Restliche Mehlmischung in einem tiefen Teller verteilen.

2. Pilze erst im feuchten Teig und anschließend in der trockenen Mehlmischung wenden. Öl in einer Pfanne auf mittlerer bis hoher Stufe erhitzen und Pilze darin ca. 5 Minuten rundherum braten. Pilze auf einem mit Backpapier ausgelegten Backblech verteilen und im Backofen auf mittlerer Schiene ca. 10 Minuten backen.

3. Für den Dip Chilisauce mit Tomatenmark, Joghurt, restlichem Paprikapulver, restlichem Knoblauchpulver, Salz und Pfeffer verrühren. Maiskolben abtropfen lassen, halbieren, mit Salz und Pfeffer würzen und mit Austernpilz-Wings und Dip servieren.

Pro Portion: 374 kcal, 16 g EW, 51 g KH, 11 g F, 17 g BST

Gut kombiniert

Dazu passt ein einfacher Gurkensalat mit saurer Sahne und Kräutern.

Tofu-Gemüse-Schaschlik mit Reis

Zubereitungszeit **15 Min.**
Garzeit **15 Min.**
Marinierzeit **2 Std.**
Für **4 Personen**

7

400 g Tofu
3 Limetten
1 Stück Ingwer (ca. 3 cm)
1 rote Chilischote
4 EL Sojasauce
200 g trockener Langkornreis
Salz, Pfeffer
1 Zwiebel
1 EL gehackter Koriander
2 rote Mini-Paprika
1 kleine Zucchini
1/2 kleine Aubergine
1 EL Olivenöl

1. Tofu trocken tupfen und in 16 Würfel schneiden. 2 Limetten auspressen und restliche Limette in Spalten schneiden. Ingwer schälen und hacken. Chilischote waschen, entkernen und fein hacken. Für die Marinade die Hälfte des Limettensaftes mit Ingwer, Chili und Sojasauce verrühren. Tofu mit Marinade vermischen und abgedeckt im Kühlschrank ca. 2 Stunden marinieren.

2. Reis nach Packungsanweisung in Salzwasser garen. Zwiebel schälen und fein würfeln. Reis mit Zwiebeln, Koriander und restlichem Limettensaft vermischen und mit Salz und Pfeffer würzen.

3. Paprika waschen, entkernen und in Stücke schneiden. Zucchini und Aubergine waschen und in Scheiben schneiden. Tofu mit Gemüse abwechselnd auf 4 Spieße stecken und mit Öl bepinseln. Eine Grillpfanne auf mittlerer bis hoher Stufe erhitzen und Spieße darin 12–15 Minuten rundherum grillen. Tofu-Gemüse-Schaschlik mit Reis und Limettenspalten servieren.

Pro Portion: 410 kcal, 21 g EW, 48 g KH, 14 g F, 6 g BST

Deftig-würzige Hauptgerichte

Bunte Gemüsequiche
mit Seidentofu

Zubereitungszeit **20 Min.**
Backzeit **55 Min.**
Kühlzeit **15 Min.**
Für **6 Stücke**

210 g Mehl
90 g Halbfettmargarine
70 ml Mineralwasser
Salz, Pfeffer
1 Zucchini
1 große Karotte
150 g Rote Bete
(frisch oder vakuumverpackt)
500 g Seidentofu
1 Knoblauchzehe
1 EL Rapsöl
1 TL getrockneter Oregano
1 TL Kala Namak Salz
(alternativ Paprikapulver)
1/2 TL Chilipulver
1 EL Pinienkerne
120 g Pflücksalatmischung
(Kühltheke)
2 EL heller Balsamicoessig
1 EL Olivenöl

1. Für den Teig Mehl, 80 g Margarine, Wasser und 1 TL Salz verkneten. Teig in Frischhaltefolie wickeln und ca. 15 Minuten kalt stellen. Backofen auf 180° C (Gas: Stufe 2, Umluft: 160° C) vorheizen.

2. Eine Tarte- oder Auflaufform (Ø 24 cm) mit restlicher Margarine fetten. Teig rund ausrollen und Tarteform damit auskleiden, dabei einen ca. 3 cm hohen Rand formen. Teig mehrmals mit einer Gabel einstechen und im Backofen auf mittlerer Schiene ca. 15 Minuten vorbacken.

3. Zucchini waschen, Karotte schälen und mit einem Sparschäler längs in dünne Scheiben hobeln. Rote Bete schälen oder abtropfen lassen und in dünne Scheiben schneiden. Für den Guss Seidentofu mit Knoblauch, Rapsöl, Oregano, Kala Namak Salz, Chilipulver, Salz und Pfeffer pürieren.

4. Guss auf dem Teigboden verteilen und Gemüse abwechselnd längs auf dem Guss verteilen. Gemüsequiche mit Pinienkernen bestreuen und im Backofen auf mittlerer Schiene ca. 40 Minuten backen. Salat waschen, trocken schleudern und mit Essig, Olivenöl, Salz und Pfeffer vermischen. Gemüsequiche mit Salat servieren.

Pro Portion: 293 kcal, 9 g EW, 31 g KH, 14 g F, 4 g BST

Titelrezept

Tomaten-Lahmacun mit Falafel

Zubereitungszeit **20 Min.**
Backzeit **30 Min.**
Für **6 Stück**

12 Falafel (TK, à 15 g)
100 g Tomaten
2 Schalotten
40 g geröstete Paprika in Lake (Konserve)
40 g getrocknete Tomaten ohne Öl
1 Knoblauchzehe
2 TL Olivenöl
1 EL gehackte Petersilie
1 EL Tomatenmark
1 TL Zitronensaft
1 TL Paprikapulver
1/2 TL Kreuzkümmel
1/2 TL Chilipulver
Salz, Pfeffer
6 kleine Tortillawraps
1/2 Eisbergsalat
1/2 Salatgurke
6 EL Magermilchjoghurt

1. Backofen auf 220° C (Gas: Stufe 4, Umluft: 200° C) vorheizen. Falafel auf einem mit Backpapier ausgelegten Backblech verteilen und im Backofen auf mittlerer Schiene 12–15 Minuten backen, dabei nach der Hälfte der Garzeit wenden.

2. Für die Tomatensauce Tomaten waschen und in Stücke schneiden. Schalotten schälen und grob würfeln. Paprika abtropfen lassen und mit Tomatenstücken, Schalotten, getrockneten Tomaten, Knoblauch, Öl, Petersilie, Tomatenmark, Zitronensaft, Paprikapulver, Kreuzkümmel, Chilipulver, Salz und Pfeffer pürieren.

3. Tortillawraps mit Tomatenmischung bestreichen. Falafel herausnehmen und Wraps im Backofen auf mittlerer Schiene nacheinander ca. 5 Minuten erwärmen. Salat waschen, trocken schleudern und in Streifen schneiden. Gurke waschen, längs halbieren und in Scheiben schneiden. Salat, Gurken und Falafel auf den Wraps verteilen, mit Joghurt beträufeln und Tomaten-Lahmacun genießen.

Pro Portion: 238 kcal, 8 g EW, 31 g KH, 8 g F, 5 g BST

Linsensuppe
mit geröstetem Kürbis

Zubereitungszeit **15 Min.**
Garzeit **35 Min.**
Für **4 Personen**

1 große Zwiebel

1/2 Butternutkürbis (ca. 500 g)

3 TL Olivenöl

1 TL getrockneter Thymian

Salz, Pfeffer

250 g trockene rote Linsen

1 TL Kreuzkümmel

1 TL Paprikapulver

1,5 Liter Gemüsebrühe

(6 1/2 TL Instantpulver)

8 Pekannüsse

1 EL gehackte Petersilie

1. Backofen auf 200° C (Gas: Stufe 3, Umluft: 180° C) vorheizen. Zwiebel schälen und in Spalten schneiden. Kürbis schälen, halbieren, Kerne mit einem Löffel entfernen, Kürbis in grobe Stücke schneiden und mit Zwiebeln, 2 TL Öl, Thymian, Salz und Pfeffer auf einem mit Backpapier ausgelegten Backblech vermischen. Gemüse im Backofen auf mittlerer Schiene 25–30 Minuten backen, dabei gelegentlich durchrühren.

2. Restliches Öl in einem Topf auf mittlerer Stufe erhitzen, Linsen mit Kreuzkümmel und Paprikapulver darin ca. 2 Minuten andünsten und mit Brühe ablöschen. Suppe aufkochen und ca. 15 Minuten köcheln lassen.

3. Kürbis und Zwiebeln zu den Linsen geben, weitere ca. 5 Minuten köcheln lassen und pürieren. Pekannüsse grob hacken. Linsensuppe mit Salz und Pfeffer abschmecken, mit Petersilie und Pekannüssen garnieren und servieren.

Pro Portion: 357 kcal, 18 g EW, 52 g KH, 8 g F, 10 g BST

Amélies Tipp

Wenn ich Lust auf einen exotischen Kick habe, ersetze ich einen Teil der Brühe durch Kokosmilch – lecker!

Gemüse Pad Thai

Zubereitungszeit **15 Min.**
Garzeit **15 Min.**
Für **4 Personen**

1 Stück Ingwer (ca. 3 cm)
2 Limetten
2 Knoblauchzehen
1 EL Essig
1 TL Zucker
4 EL Sojasauce
2 TL Sriracha-Sauce
80 g Erdnüsse
180 g trockene Reisbandnudeln
Salz
2 rote Zwiebeln
2 Pak Choi
1 rote Paprika
6 Stängel Koriander
2 TL Rapsöl
4 Eier (Größe M)
180 g Sojasprossen

1. Für die Sauce Ingwer schälen und in grobe Stücke schneiden. Limetten auspressen. Knoblauch, Ingwer, Essig, Zucker, Sojasauce, Sriracha-Sauce, Limettensaft und 60 g Erdnüsse pürieren.

2. Nudeln nach Packungsanweisung in Salzwasser garen und abgießen. Zwiebeln schälen und in feine Ringe schneiden. Pak Choi waschen und in Streifen schneiden. Paprika waschen, entkernen und in Streifen schneiden. Koriander waschen, trocken schütteln und Blätter abzupfen. Restliche Erdnüsse hacken.

3. Öl in einer Pfanne auf mittlerer Stufe erhitzen und Zwiebeln mit Paprika darin ca. 5 Minuten anbraten. Eier in die Pfanne schlagen und unter Rühren 3–5 Minuten mitbraten. Sojasprossen waschen, mit Pak Choi, Sauce und Nudeln unter die Eimischung rühren und ca. 3 Minuten erwärmen. Gemüse Pad Thai mit Erdnüssen und Koriander garniert servieren.

Pro Portion: 491 kcal, 22 g EW, 52 g KH, 21 g F, 7 g BST

Vegane Pasta mit Linsenbolognese

Zubereitungszeit **15 Min.**
Garzeit **70 Min.**
Für **4 Personen**

1 Zwiebel

2 Karotten

1 Stange Staudensellerie

5 Zweige Thymian

3 Zweige Rosmarin

2 TL Olivenöl

2 Knoblauchzehen

2 EL Tomatenmark

250 g trockene rote Linsen

400 g stückige Tomaten
(Konserve)

900 ml Gemüsebrühe
(4 TL Instantpulver)

2 Lorbeerblätter

280 g trockene Spaghetti

Salz, Pfeffer

2 EL geriebener veganer Käse

1. Zwiebel und Karotten schälen und in feine Würfel schneiden. Sellerie waschen und würfeln. Thymian mit Rosmarin waschen und trocken schütteln. Öl in einem Topf auf mittlerer Stufe erhitzen und Zwiebeln, Karotten und Sellerie darin ca. 8 Minuten andünsten. Knoblauch dazupressen, Tomatenmark einrühren und ca. 1 Minute mitbraten.

2. Linsen, Tomaten, Brühe, Thymian, Rosmarin und Lorbeerblätter zugeben und Sauce auf niedriger Stufe mit Deckel ca. 60 Minuten köcheln lassen. Nudeln nach Packungsanweisung in Salzwasser garen. Thymian, Rosmarin und Lorbeerblätter entfernen und Linsenbolognese mit Salz und Pfeffer würzen. Nudeln abgießen, mit Linsenbolognese auf Tellern verteilen und mit Käse bestreut servieren.

Pro Portion: 570 kcal, 27 g EW, 94 g KH, 7 g F, 12 g BST

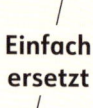

Einfach ersetzt

Den veganen Käse kannst du natürlich auch gegen Parmesan oder anderen Hartkäse austauschen.

Amélies
Lieblingsrezept
↓

Orzo-Risotto
mit Ofengemüse

Zubereitungszeit **25 Min.**
Garzeit **30 Min.**
Für **2 Personen**

1 kleine Zucchini
250 g Rote Bete
200 g Champignons
3 TL Olivenöl
2 TL getrocknete italienische
Kräuter
Salz, Pfeffer
1 kleine Zwiebel
1 Knoblauchzehe
100 g trockene Kritharaki-
Nudeln (Orzo)
80 ml halbtrockener Weißwein
220 ml Gemüsebrühe
(1 TL Instantpulver)
2 EL geriebener Parmesan

1. Backofen auf 180° C (Gas: Stufe 2, Umluft: 160° C) vorheizen. Zucchini waschen und in Stifte schneiden. Rote Bete schälen und in Spalten schneiden. Champignons trocken abreiben und in breite Scheiben schneiden. Gemüse mit 2 TL Öl, 1 TL Kräutern, Salz und Pfeffer auf einem mit Backpapier ausgelegten Backblech vermischen und im Backofen auf mittlerer Schiene 25–30 Minuten backen.

2. Zwiebel schälen und mit Knoblauch fein würfeln. Restliches Öl in einem Topf auf mittlerer Stufe erhitzen und Zwiebeln mit Knoblauch darin 2–3 Minuten andünsten. Nudeln dazugeben und ca. 1 Minute mitdünsten.

3. Mit Wein und Brühe ablöschen, bis die Nudeln knapp bedeckt sind und auf niedriger bis mittlerer Stufe 15–18 Minuten köcheln lassen, dabei regelmäßig Brühe nachgießen. Orzo-Risotto mit Parmesan und restlichen Kräutern verfeinern, mit Salz und Pfeffer abschmecken und mit Ofengemüse servieren.

Pro Portion: 397 kcal, 15 g EW, 51 g KH, 11 g F, 8 g BST

Amélies Tipp

Das Risotto wärmt zur Winterzeit besonders gut. Das Gemüse variiere ich immer nach Lust, Laune und Saison.

Ramen
mit Süßkartoffeln und Pilzen

Zubereitungszeit **20 Min.**
Garzeit **30 Min.**
Für **4 Personen**

3 Schalotten
200 g Shiitake-Pilze
400 g Süßkartoffeln
200 g Schwarzkohl
(alternativ Grünkohl)
1 Stück Ingwer (ca. 2 cm)
2 TL Rapsöl
2 TL Sesamöl
800 ml Gemüsebrühe
(4 TL Instantpulver)
3 EL Reisessig
2 EL Sojasauce
2 EL Gochujang-Paste
(alternativ rote Chilipaste)
4 Eier (Größe M)
200 g trockene Ramen-Nudeln
4 Stängel Koriander
1 EL Sesam

1. Schalotten schälen und in Ringe schneiden. Pilze trocken abreiben und in Scheiben schneiden. Süßkartoffeln schälen und in grobe Würfel schneiden. Schwarzkohl waschen, trocken schleudern und in Streifen schneiden. Ingwer schälen und reiben.

2. Rapsöl in einer großen Pfanne auf mittlerer Stufe erhitzen, Schalotten darin ca. 5 Minuten braten und herausnehmen. Sesamöl im Bratensatz erhitzen, Pilze darin ca. 5 Minuten braten und herausnehmen. Bratensatz mit Brühe ablöschen, Essig, Sojasauce und Gochujang-Paste einrühren, Süßkartoffeln dazugeben und auf niedriger bis mittlerer Stufe ca. 15 Minuten garen.

3. Eier in kochendem Wasser 8–10 Minuten hart kochen, abschrecken, pellen und halbieren. Nudeln nach Packungsanweisung in Salzwasser garen und abgießen. Kohl und Nudeln zu den Süßkartoffeln geben und ca. 3 Minuten mitgaren. Koriander waschen, trocken schütteln und Blätter abzupfen. Ramen und Gemüse auf 4 Schüsseln verteilen, mit Eihälften, Schalotten, Koriander und Sesam garnieren und servieren.

Pro Portion: 509 kcal, 21 g EW, 71 g KH, 15 g F, 9 g BST

Tex-Mex-Bulgur mit Avocado

Zubereitungszeit **15 Min.**
Garzeit **20 Min.**
Für **4 Personen**

1 Dose schwarze Bohnen
(240 g Abtropfgewicht)
1 Zwiebel
2 Knoblauchzehen
2 TL Rapsöl
200 g trockener Bulgur
1 TL Chilipulver
1 TL Kreuzkümmel
1/2 TL geräuchertes
Paprikapulver
350 ml Gemüsebrühe
(1 1/2 TL Instantpulver)
400 g stückige Tomaten
(Konserve)
1 kleine Dose Mais
(140 g Abtropfgewicht)
Salz, Pfeffer
1 Avocado (ca. 150 g)
1/2 Bund Koriander
80 g Schafskäse, 25 % Fett i. Tr.

1. Bohnen abspülen und abtropfen lassen. Zwiebel schälen und würfeln. Knoblauch pressen. Öl in einem Topf auf mittlerer Stufe erhitzen und Zwiebeln mit Knoblauch darin ca. 5 Minuten braten. Bulgur, Chilipulver, Kreuzkümmel und Paprikapulver dazugeben und ca. 1 Minute unter ständigem Rühren mitbraten.

2. Bohnen dazugeben, mit Brühe und Tomaten ablöschen, aufkochen und mit Deckel auf niedriger Stufe 13–15 Minuten garen. Mais abgießen, unter die Bulgurmischung rühren und mit Salz und Pfeffer würzen.

3. Avocado halbieren, Stein entfernen, Fruchtfleisch aus der Schale lösen und in Spalten schneiden. Koriander waschen, trocken schütteln und Blätter abzupfen. Tex-Mex-Bulgur auf 4 Tellern verteilen, Schafskäse darüberbröseln und mit Avocado und Koriander garniert servieren.

Pro Portion: 425 kcal, 16 g EW, 51 g KH, 15 g F, 14 g BST

Jackfruit Pita

Zubereitungszeit **20 Min.**
Garzeit **15 Min.**
Für **4 Personen**

1 kleines Römersalatherz
1 Tomate
1 rote Zwiebel
2 Knoblauchzehen
1 Dose Jackfrucht in Salzlake
(220 g Abtropfgewicht)
2 TL Olivenöl
1 EL Tomatenmark
1 TL getrockneter Oregano
120 ml Gemüsebrühe
(1/2 TL Instantpulver)
1 TL Paprikapulver
1/2 TL Cayennepfeffer
Salz, Pfeffer
1/4 Salatgurke
150 g Magermilchjoghurt
2 EL gehackter Dill
1 Msp. unbehandelte
Zitronenschale
4 Pitabrote

1. Salat waschen, trocken schleudern und in Streifen schneiden. Tomate waschen und würfeln. Zwiebel schälen und in Streifen schneiden. Knoblauch pressen. Jackfrucht abtropfen lassen.

2. Öl in einer Pfanne auf mittlerer Stufe erhitzen und Zwiebeln mit der Hälfte des Knoblauchs darin 3–4 Minuten andünsten. Tomatenmark einrühren, Jackfruchtstücke und Oregano dazugeben und mit Brühe ablöschen. Jackfrucht mit Paprikapulver und Cayennepfeffer würzen, ca. 10 Minuten garen, mit einem Löffel in kleine Stücke zerteilen und mit Salz und Pfeffer abschmecken.

3. Für den Tzatziki Gurke waschen, raspeln und überschüssige Flüssigkeit ausdrücken. Gurkenraspel mit restlichem Knoblauch, Joghurt, 1 EL Dill, Zitronenschale, Salz und Pfeffer verrühren.

4. Pitabrote nach Wunsch rösten, aufschneiden, mit etwas Tzatziki bestreichen und mit Jackfruitmischung, Salat und Tomaten füllen. Jackfruit Pita mit restlichem Dill bestreuen und mit restlichem Tzatziki dazu servieren.

Pro Portion: 231 kcal, 10 g EW, 38 g KH, 3 g F, 6 g BST

Amélies
Lieblingsrezept

Sattmacher-Salat-Bowl

Zubereitungszeit **20 Min.**
Garzeit **10 Min.**
Für **2 Personen**

2 Eier (Größe M)
100 g Feldsalat
1 kleine gelbe Paprika
200 g Tomaten
1 Mini-Gurke
1 kleine Karotte
4 EL Kidneybohnen (Konserve)
100 g Himbeeren
2 TL Olivenöl
2 EL Apfelessig
1 TL Senf
1 EL Wasser
Salz, Pfeffer
2 Ziegenfrischkäsetaler,
45 % Fett i. Tr.

1. Eier in kochendem Wasser 8–10 Minuten hart kochen, abschrecken, pellen und halbieren. Salat waschen und trocken schleudern. Paprika waschen, entkernen und in Streifen schneiden. Tomaten waschen und in Stücke schneiden. Gurke waschen und würfeln. Karotte schälen und raspeln.

2. Kidneybohnen abspülen und abtropfen lassen. Himbeeren waschen und trocken tupfen. Für das Dressing 40 g Himbeeren mit Öl, Essig, Senf, Wasser, Salz und Pfeffer pürieren. Salat, Paprika, Tomaten, Gurken, Karotten, Kidneybohnen, restliche Himbeeren und Ziegenfrischkäsetaler nebeneinander in 2 Schüsseln anrichten, Dressing darüber träufeln und servieren.

Pro Portion: 311 kcal, 19 g EW, 19 g KH, 17 g F, 11 g BST

Amélies Tipp

Perfektes To-Go-Gericht. Einfach das Dressing und die Bowlzutaten separat im Kühlschrank lagern und am nächsten Tag mit zur Arbeit nehmen.

Gyoza mit Teriyaki-Dip

Zubereitungszeit **25 Min.**
Garzeit **20 Min.**
Für **4 Personen**

100 g Champignons

1 Karotte

1 Knoblauchzehe

1 kleine rote Chilischote

3 TL Rapsöl

120 g veganes Hackfleisch
(Kühltheke)

Salz, Pfeffer

3 EL Sojasauce

16 Wan-Tan-Teigplatten
(TK, à 5 g)

150 ml heißes Wasser

1 Frühlingszwiebel

2 EL Teriyaki-Sauce

1 TL Chilisauce
(auf Tomatenbasis)

1 TL Sesam

1. Champignons trocken abreiben und fein hacken. Karotte schälen und raspeln. Knoblauch pressen. Chilischote waschen, entkernen und hacken. 1 TL Öl in einer großen Pfanne auf mittlerer Stufe erhitzen und Hackfleisch darin ca. 3 Minuten anbraten. Champignons, Karotten, Knoblauch und Chili zufügen, ca. 5 Minuten mitbraten, mit Pfeffer würzen und mit 2 EL Sojasauce ablöschen.

2. Gemüse-Hackfleisch-Mischung herausnehmen, je 2 TL mittig auf die Wan-Tan-Blätter geben, Ränder mit etwas Wasser bestreichen und Wan-Tan-Blätter zu halbrunden Taschen zusammenklappen, dabei die Ränder leicht überlappend zusammendrücken.

3. Restliches Öl im Bratensatz auf mittlerer Stufe erhitzen, Gyoza darin 2–3 Minuten von einer Seite anbraten, mit restlichem Wasser ablöschen und mit Deckel ca. 8 Minuten dämpfen. Frühlingszwiebel waschen und in Ringe schneiden. Für den Dip restliche Sojasauce mit Teriyaki-Sauce und Chilisauce verrühren. Gyoza mit Sesam und Frühlingszwiebeln bestreuen und mit Teriyaki-Dip servieren.

Pro Portion: 178 kcal, 9 g EW, 18 g KH, 7 g F, 3 g BST

Homemade

Du kannst den Teig aus 160 g Mehl, 80 ml Wasser und 1/2 TL Salz auch selbst herstellen. Verkneten, ausrollen, Kreise ausstechen, füllen, Ränder mit Wasser bestreichen und zusammenklappen – fertig!

Kartoffel-Erbsen-Bratlinge mit pochiertem Ei

Zubereitungszeit **20 Min.**
Garzeit **35 Min.**
Für **4 Personen**

500 g festkochende Kartoffeln
Salz, Pfeffer
300 g Erbsen (TK)
5 Eier (Größe M)
1 EL Schnittlauchringe
1 EL gehackte Petersilie
2 EL Mehl
4 TL Rapsöl
100 g Pflücksalatmischung
(Kühltheke)
1 Liter Wasser
1 EL Essig

1. Kartoffeln schälen, in kleine Würfel schneiden und in Salzwasser 15–20 Minuten garen. Gefrorene Erbsen ca. 2 Minuten vor Ende der Garzeit dazugeben. Kartoffeln mit Erbsen abgießen und grob zerstampfen. Backofen auf 180° C (Gas: Stufe 2, Umluft: 160° C) vorheizen.

2. 1 Ei verquirlen und mit Kartoffel-Erbsen-Mischung, Schnittlauch, Petersilie, Mehl, Salz und Pfeffer verrühren. Aus der Masse 8 Bratlinge formen. Öl portionsweise in einer Pfanne auf mittlerer bis hoher Stufe erhitzen und Bratlinge darin nacheinander ca. 2 Minuten von jeder Seite braten. Bratlinge auf ein mit Backpapier ausgelegtes Backblech geben und im Backofen warm halten.

3. Salat waschen und trocken schleudern. Wasser mit Essig und 1 TL Salz in einem Topf auf hoher Stufe zum Sieden bringen. Restliche Eier einzeln in eine Suppenkelle schlagen, langsam in das Wasser geben und 4–5 Minuten auf niedriger Stufe ziehen lassen. Kartoffel-Erbsen-Bratlinge mit pochiertem Ei und Salat servieren.

Pro Portion: 337 kcal, 18 g EW, 33 g KH, 14 g F, 7 g BST

Schnelles Dressing

Zu dem Salat passt ein Dressing aus 1 EL Olivenöl, 1 EL Zitronensaft, 1 TL Senf, 1 TL Honig und 1/2 TL getrockneten Kräutern. Berechne 1 zusätzlichen Punkt pro Person.

Gebratener Seidentofu in Pilzbrühe

Zubereitungszeit **15 Min.**
Garzeit **10 Min.**
Einweichzeit **30 Min.**
Für **4 Personen**

25 g getrocknete Steinpilze
500 ml kochendes Wasser
600 g Seidentofu
20 g Speisestärke
2 EL Rapsöl
2 EL Mirin (Reiswein)
2 EL Sojasauce
1/2 TL Zucker
Salz, Pfeffer
4 Frühlingszwiebeln
1 Stück Ingwer (ca. 2 cm)
1 rote Chilischote

1. Pilze in Wasser ca. 30 Minuten einweichen. Pilze abgießen, dabei das Wasser auffangen und Pilze in feine Streifen schneiden. Tofu vorsichtig trocken tupfen, in Scheiben schneiden und mit Stärke bestreuen.

2. Öl in einer Pfanne auf mittlerer Stufe erhitzen und Tofu darin 5–10 Minuten rundherum braten. Tofu herausnehmen und Pilze im Bratensatz 2–3 Minuten anbraten. Aufgefangene Pilzbrühe, Mirin, Sojasauce und Zucker dazugeben, aufkochen, 1–2 Minuten köcheln lassen und mit Salz und Pfeffer würzen.

3. Frühlingszwiebeln waschen und in Ringe schneiden. Ingwer schälen und in feine Streifen schneiden. Chilischote waschen, entkernen und hacken. Tofu mit Frühlingszwiebeln, Ingwer und Chili auf 4 Schüsseln verteilen, Pilzbrühe darübergießen und servieren.

Pro Portion: 199 kcal, 11 g EW, 15 g KH, 11 g F, 5 g BST

Gemüse-Reis-Eintopf

Zubereitungszeit **20 Min.**
Garzeit **35 Min.**
Für **4 Personen**

240 g trockener Naturreis
Salz, Pfeffer
2 Stangen Staudensellerie
250 g braune Champignons
1 rote Zwiebel
1 rote Paprika
175 g Okraschoten
1 EL vegane Halbfettmargarine
1 EL Mehl
2 Knoblauchzehen
1 1/2 EL Cajun-Gewürz
400 g stückige Tomaten
(Konserve)
700 ml Gemüsebrühe
(3 TL Instantpulver)
2 Lorbeerblätter
1 Dose schwarze Bohnen
(240 g Abtropfgewicht)
2 Frühlingszwiebeln

1. Reis nach Packungsanweisung in Salzwasser garen. Sellerie waschen und in Würfel schneiden. Champignons trocken abreiben und vierteln. Zwiebel schälen und fein würfeln. Paprika waschen, entkernen und in Würfel schneiden. Okraschoten waschen und in Stücke schneiden.

2. Margarine in einer Pfanne schmelzen. Mehl dazugeben und unter Rühren 1–2 Minuten anschwitzen. Zwiebeln und Paprika dazugeben, Knoblauch dazupressen und auf mittlerer Stufe 8–10 Minuten garen. Mit Cajun-Gewürz, Salz und Pfeffer würzen und mit Tomaten und Brühe ablöschen. Okraschoten und Lorbeerblätter dazugeben und auf mittlerer Stufe ca. 15 Minuten köcheln lassen.

3. Bohnen abspülen, abtropfen lassen, unter den Eintopf rühren und ca. 1 Minute erwärmen. Frühlingszwiebeln waschen und in Ringe schneiden. Lorbeerblätter entfernen, Gemüse-Eintopf mit Reis anrichten und mit Frühlingszwiebeln bestreut servieren.

Pro Portion: 369 kcal, 13 g EW, 69 g KH, 3 g F, 11 g BST

Vegane Burger

Tofuburger mit Zwiebeln

Zubereitungszeit **20 Min.**
Garzeit **20 Min.**
Für **4 Personen**

7

3 EL geschrotete Leinsamen
3 EL Wasser
300 g Tofu
1 Knoblauchzehe
3 EL Pankomehl
1 EL Tomatenmark
1 EL gehackte Petersilie
1 TL geräuchertes Paprikapulver
Salz, Pfeffer
2 TL Rapsöl
1 rote Zwiebel
2 EL Apfelessig
2 TL Balsamicocreme
1 Tomate
20 g Rucola
4 kleine Hamburger-Brötchen
4 EL kalorienreduzierter Ketchup

1. Backofen auf 200° C (Gas: Stufe 3, Umluft 180° C) vorheizen. Leinsamen mit Wasser verrühren und kurz quellen lassen. Tofu trocken tupfen und zerbröseln. Knoblauch pressen und mit Tofu, Pankomehl, Tomatenmark, Leinsamenmischung, Petersilie, Paprikapulver, Salz und Pfeffer verrühren.

2. Aus der Masse 4 Patties formen, auf ein mit Backpapier ausgelegtes Backblech legen und mit 1 TL Öl bepinseln. Patties im Backofen auf mittlerer Schiene ca. 10 Minuten backen, wenden, mit restlichem Öl bepinseln und weitere ca. 10 Minuten backen.

3. Zwiebel schälen, in Streifen schneiden, mit Essig, Balsamicocreme und 1 Prise Salz verrühren und ca. 5 Minuten ziehen lassen. Tomate waschen und in Scheiben schneiden. Rucola waschen und trocken schleudern.

4. Brötchen aufschneiden, rösten und mit Ketchup bestreichen. Untere Hälften mit Rucola, Tomaten, Patties und Zwiebeln belegen und mit oberen Hälften abdecken. Tofuburger servieren.

Pro Portion: 362 kcal, 20 g EW, 36 g KH, 14 g F, 8 g BST

Amélies Tipp

Für einen extra Schärfekick gebe ich gerne etwas Sambal Oelek oder Chiliflocken in die Burgermasse.

Veggieburger mit Gurken

Zubereitungszeit **20 Min.**
Garzeit **10 Min.**
Für 4 Personen

 12

400 g veganes Hackfleisch
(Kühltheke)

2 EL Paniermehl

2 TL Senf

1 TL Paprikapulver

1 TL getrockneter Majoran

Salz, Pfeffer

80 g Gewürzgurken

100 g Sojajoghurt, Natur,

bis 3 g Zucker/100 g

1 TL Tomatenmark

1/4 Eisbergsalat

1/4 Salatgurke

1 EL Rapsöl

4 Scheiben veganer Käse (à 20 g)

4 Laugenbrötchen

1. Hackfleisch mit Paniermehl, Senf, Paprikapulver, Majoran, Salz und Pfeffer vermischen und aus der Masse 4 Patties formen. Für die Sauce Gewürzgurken fein würfeln. Joghurt, Tomatenmark, Salz und Pfeffer verrühren und Gewürzgurken unterheben.

2. Salat waschen, trocken schleudern und in feine Streifen schneiden. Salatgurke waschen und in Scheiben schneiden. Öl in einer Pfanne auf mittlerer bis hoher Stufe erhitzen und Patties darin 5–6 Minuten von jeder Seite braten. Käsescheiben darauflegen und schmelzen lassen.

3. Brötchen aufschneiden, rösten und mit Sauce bestreichen. Untere Hälften mit Salat, Gurken und Patties samt Käse belegen und mit oberen Hälften abdecken. Veggieburger servieren.

Pro Portion: 440 kcal, 25 g EW, 45 g KH, 16 g F, 7 g BST

Brotloser Kichererbsenburger

Zubereitungszeit **20 Min.**
Garzeit **10 Min.**
Für 4 Personen

 5

1 Dose Kichererbsen
(265 g Abtropfgewicht)
1 EL Zitronensaft
1 Zwiebel
1 Knoblauchzehe
2 EL zarte Haferflocken
1 EL gehackte Petersilie
1 TL Kreuzkümmel
Salz, Pfeffer
1 EL Pankomehl
1 EL Rapsöl
4 Blätter Kopfsalat
1 kleine Avocado (ca. 120 g)
4 Gewürzgurken
1 Tomate
4 TL vegane Sriracha-Mayonnaise

1. Kichererbsen abspülen, abtropfen lassen und mit Zitronensaft pürieren. Zwiebel schälen und mit Knoblauch fein würfeln. Kichererbsen mit Zwiebeln, Knoblauch, Haferflocken, Petersilie, Kreuzkümmel, Salz und Pfeffer vermischen. Aus der Masse 4 Patties formen und in Pankomehl wenden. Öl in einer Pfanne auf mittlerer bis hoher Stufe erhitzen und Patties darin 5–6 Minuten von jeder Seite braten.

2. Salat waschen und trocken schütteln. Avocado halbieren, Stein entfernen, Fruchtfleisch aus der Schale lösen und in Spalten schneiden. Gewürzgurken in Scheiben schneiden. Tomate waschen und in Scheiben schneiden. Salat mit Patties, Tomaten, Avocado und Gurken belegen und mit Sriracha-Mayonnaise beträufeln. Kichererbsenburger servieren.

Pro Portion: 246 kcal, 8 g EW, 21 g KH, 14 g F, 8 g BST

Sweet & salty

Wer die herzhaft-süße Kombination mag, kann den Burger mit ein paar Heidelbeeren oder Brombeeren garnieren – lecker!

Bunter Gemüseburger

Zubereitungszeit **20 Min.**
Garzeit **30 Min.**
Für **4 Personen**

250 g Blumenkohlröschen

Salz, Pfeffer

1 EL geschrotete Leinsamen

1 EL Wasser

1 Karotte

1/2 Zucchini

2 EL gemahlene Mandeln

2 EL Speisestärke

1/2 TL Chilipulver

1 TL Curry

2 TL Rapsöl

4 Blätter Kopfsalat

80 g Rote-Bete-Scheiben
(Konserve ohne Zucker)

4 große Vollkorn-Hamburger-
Brötchen

4 TL vegane Mayonnaise

4 TL Senf

2 EL Röstzwiebeln

1. Blumenkohlröschen waschen, in kochendem Salzwasser ca. 10 Minuten garen, abgießen, kurz ausdampfen lassen und zerstampfen. Leinsamen mit Wasser verrühren und kurz quellen lassen. Karotte schälen, Zucchini waschen und beides fein raspeln. Gemüseraspel in ein Küchentuch geben und überschüssige Flüssigkeit ausdrücken. Backofen auf 200° C (Gas: Stufe 3, Umluft 180° C) vorheizen.

2. Blumenkohl mit Gemüseraspeln, Leinsamenmischung, Mandeln, Stärke, Chilipulver, Curry, Salz und Pfeffer verrühren und aus der Masse 4 Patties formen. Patties auf einem mit Backpapier ausgelegten Backblech verteilen, mit 1 TL Öl bepinseln und im Backofen auf mittlerer Schiene ca. 10 Minuten backen. Patties vorsichtig wenden, mit restlichem Öl bepinseln und weitere ca. 10 Minuten backen.

3. Salat waschen und trocken schütteln. Rote Bete abtropfen lassen. Brötchen aufschneiden, rösten und obere Hälften mit Mayonnaise bestreichen. Untere Hälften mit Senf bestreichen, mit Salat, Patties, Roter Bete und Röstzwiebeln belegen und mit oberen Hälften abdecken. Gemüseburger servieren.

Pro Portion: 359 kcal, 11 g EW, 45 g KH, 14 g F, 8 g BST

Dein
Erfolgsrezept

Mehr Inspiration, mehr Motivation, mehr Rundum-Wohlfühlen:
Mit WeightWatchers genießt du das Leben und findest deinen
eigenen Weg zum Wunschgewicht – ganz ohne Verzicht.

**Jetzt QR-Code scannen, auf
WW.com anmelden und noch heute
deinen individuellen Abnehm- und
Ernährungsplan erhalten.**

 WeightWatchers

Register nach Alphabet

Register nach Zutaten und Stichworten

Nüsse & Kerne

Reis, Bulgur & Quinoa

Tofu

Vegan 🌱

🥕 vegetarisch 🌱 vegan
🌾 glutenfrei 🥛 laktosefrei 🥜 nussfrei

Die Kennzeichnung wie zum Beispiel „gluten-", „laktose-" oder „nussfrei" bei den Rezepten ist rein informativ und nicht verbindlich. Es liegt in der persönlichen Verantwortung zu prüfen, ob die verwendeten Lebensmittel die Anforderungen erfüllen.

Impressum

Herausgeber & Redaktion
WW (Deutschland) GmbH
Valerie Altmann-Gamairi, Iris Hermann

Rezepte & Realisierung
Geschmackswerk UG
Nathalie Döscher, Silke Höpker

Fotografie & Styling
Martin Genschow, Janne Peters,
Hubertus Schüler, Benedikt Obermaier,
WW International

Foodstyling
Thorsten Hülsmann, Stefan Mungenast,
WW International

Bildnachweise
WW International

Gestaltungskonzept & Grafik
Geschmackswerk UG, Petra Penker

Druck
paffrath print & medien GmbH

WW (Deutschland) GmbH
ww.com
Info-Hotline 0211-36874236
SKU: 402439
ISBN: 978-3-9824372-3-1